RICHARD STRAUSS

Der Rosenkavalier

in Full Score

Dover Publications, Inc., New York

Dedicated to my dear relatives
the Pschorr family in Munich

Der Rosenkavalier

Comedy for music in three acts
by Hugo von Hofmannsthal

Music by Richard Strauss
Opus 59

This Dover edition, first published in 1987, is a republication of the original edition published by Adolph Fürstner, Berlin, in 1910. The copy of the score reproduced here is no. 36 of a limited edition. The original longer title page and lists of characters and instruments in German have been replaced by new English translations, and a new English table of contents, glossary of German musical terms and translations of footnotes have been added.

Manufactured in the United States of America
Dover Publications, Inc., 31 East 2nd Street, Mineola, N.Y. 11501

Library of Congress Cataloging-in-Publication Data

Strauss, Richard, 1864–1949.
  Der Rosenkavalier.

  Opera; libretto by Hugo von Hofmannsthal.
  Reprint. Originally published: Berlin : A. Fürstner, 1910.
  1. Operas—Scores. I. Hofmannsthal, Hugo von, 1874–1929. lbt II. Title.
M1500.S89R5 1987   87-751781
ISBN 0-486-25498-4

Contents

Glossary of German Musical Terms
in the Score

aber, but; *alle*, all; *allein*, alone; *allmählich*, gradually; *als*, as, than; *auf*, up; *Aufzug*, act; *ausdrucksvoll*, expressively; *äusserst, aeusserst*, extremely; *aussprechen*, pronounce; *beginnen*, begin; *beginnend*, beginning; *bei*, with; *beruhigen*, die down, lessen; *beschwingt*, quickly; *bewegt*, moving, agitated; *bewegter*, quicker; *breit*, broad; *Bühne*, stage; *Chor*, chorus; *Dämpfer*, mute; *dann*, then; *dasselbe*, the same; *derb*, coarsely; *des*, of; *deutlich*, clearly; *Doppelgriff*, double stop; *doppelt so langsam*, twice as slow; *drängend*, pressing, stringendo; *dreifach*, divided in three, divisi; *dreitaktig*, in triple meter; *durchaus*, thoroughly; *eilen*, hurry; *Einleitung*, introduction; *Erde*, floor; *ersten*, first; *Es*, E-flat; *etwas*, somewhat; *Fanfaren*, fanfares; *ferne*, distant; *fest*, firm, steady; *flageolets*, harmonics; *Flatterzunge*, flutter-tongue; *fliessender*, flowing; *folgen*, follow; *frech*, saucy, brazen; *frisch*, fresh, cheerful; *früher*, earlier; *ganze*, whole; *gedämpft*, muted; *gedehnt*, lengthened; *gefühlvoll*, full of expression; *gehend*, moving; *gelassener*, calmer; *gemächlich*, leisurely; *gemessen*, measured, moderate; *gesanglich*, singing; *gestopft*, stopped; *gesungen*, singing; *geteilt*, divided; *getragen*, stately; *gewissen*, certain; *gewöhnlich*, normal; *gravitätisch*, solemnly; *Grazie*, gracefulness; *graziös*, graceful; *gut*, quite; *Hälfte*, half; *harpegiert*, arpeggiated; *heftig*, violently; *heiter*, cheerfully; *hervortretend*, prominent; *hinter*, behind; *Holzschlägeln*, hard sticks; *I., II., III., IV.*, 1st, 2nd, 3rd, 4th; *immer*, always, steadily; *innig*, heartfelt; *jedes*, each; *kann*, can; *klein*, bit; *Köpfe*, heads; *kurz*, short; *langsam*, slowly; *laut*, loud; *lebhaft*, lively; *leicht*, lightly; *leidenschaftlich*, passionately; *leise*, softly; *marschmässig*, marching; *Marschtempo*, march tempo; *mässig*, moderate; *mit*, with; *möglich*, possible; *nicht*, not; *noch*, still, yet; *nur*, only; *offen*, open; *ohne*, without; *paar*, couple; *parodistisch*, parodistic; *plump*, heavy; *Pult*, stand, desk; *pultweise*, by stand; *rasch*, quickly; *rhythmisch*, rhythmically; *ruhig*, calm, peaceful; *Saite*, string; *Sänger*, singer; *schlagen*, beat; *Schluss*, end; *schmachtend*, yearning; *schnell*, fast; *schon*, already; *Schwammschlägeln*, soft sticks; *schwärmerisch*, effusively; *schwer*, heavily, powerfully; *seelenvoll*, soulfully; *sehr*, very; *seufzend*, sighing; *singend*, singing; *Spieler*, player; *stehenden*, standing; *Steigerung*, rise, increase; *stets*, constantly; *Streicher*, strings; *Strophe*, stanza; *stürmisch*, stormily; *süss*, sweetly; *Takt*, beat, bar; *Tür*, door; *überschwenglich*, extravagant; *übrigen*, rest, others; *viel*, much; *vierfach*, divided in four, divisi; *von hier aus*, from here on; *von jetzt ab*, from now on; *Vorhang*, curtain; *vorher*, previously; *vorigen*, previous; *Vortrag*, execution; *Walzertempo*, waltz tempo; *Wand*, wall; *weg*, off; *weich*, tenderly; *wenig*, less; *werden, werdend*, becoming; *wie*, as; *wieder*, again; *wiegend*, swaying; *Wort*, word; *zart, zärtlich*, softly; *Zeitmass*, tempo; *ziemlich*, rather, quite; *zögernd*, hesitantly; *zurückkehrend*, returning; *zusammen*, together; *zwei*, two; *zweite*, second.

Characters

The Feldmarschallin Princess Werdenberg [Marschallin]	Soprano
Baron Ochs auf Lerchenau	Bass
Octavian, called Quinquin, a young gentleman of a noble house	Mezzo-soprano
Herr von Faninal, a rich man newly ennobled	High Baritone
Sophie, his daughter	High Soprano
Miss Marianne Leitmetzerin, the Duenna	High Soprano
Valzacchi, an intriguer	Tenor
Annina, his accomplice	Alto
A Police Commissioner [Kommissarius]	Bass
The Marschallin's Major-Domo [Haushofmeister]	Tenor
Faninal's Major-Domo	Tenor
Baron Ochs's Valet, Almoner, and Footman [Die Lerchenau'schen]	[3 Basses]
A Notary [Notar]	Bass
An Innkeeper [Wirt]	Tenor
A Singer [Sänger, Tenor]	High Tenor
3 Noble Orphans [adelige Waisen]	Soprano
	Mezzo-soprano
	Alto
A Milliner [Modistin, Marchande de Modes]	Soprano
An Animal Seller [Tierhändler]	Tenor
Faninal's Servants [Faninals Dienerschaft]	Sopranos
	Altos
	Tenors
	Basses
4 Footmen of the Marschallin [Lakaien]	2 Tenors
	2 Basses
4 Waiters [Kellner]	Tenor
	3 Basses
3 Messengers [Lauffer] offstage	[3 Tenors]
4 Little Children [kleine Kinder]	[4 Child Sopranos]
Porter [Hausknecht], Coachmen [Kutscher], Musicians [Musikanten]	[Basses]
	[Tenors]

A Little Black Page [kleiner Neger], Leopold (Baron Ochs's body servant [Leiblakai]), Servants [Lakaien], A Noble Widow [adelige Mutter], A Scholar [Gelehrter], A Flutist [Flötist], A Hairdresser [Friseur] and his Assistant [Gehilfe], Servants in Hungarian garb [Haiducken], Kitchen Staff [Küchenpersonal], Baron Ochs's Other Retainers [die Lerchenau'schen], Octavian's Retinue [Livree Octavians], Various Suspicious Types [verdächtige Gestalten], A Doctor [Arzt], Guests [Gäste], 2 Guards [Wächter].

In Vienna, in the first years of the reign of Maria Theresa.

Instrumentation

16 1st Violins [Violine, Viol.][1]
16 2nd Violins
12 Violas [Bratschen, Br.]
10 Cellos [Violoncelle, Celli]
8 Basses [Contrabässe, C.B.]

3 Flutes [grosse Flöten, gr. Fl.], one alternating on
  Piccolo [kleine Flöte, kl. Fl.]
2 Oboes [Hoboen, Hob.]
English Horn [englisches Horn, engl. Horn], alternating on
  Oboe
D Clarinet [D-Clarinette, D-Clar.], alternating on
  E♭ Clarinet [Es-Clar.] and B♭ Clarinet [B-Clar.]
2 B♭ Clarinets, alternating on
  A and C Clarinets[2]
Basset Horn [Bassethorn, Basseth.], alternating on
  Bass Clarinet [Bassclarinette, Basscl.] (A, B♭)
3 Bassoons [Fagotte, Fag.], one alternating on
  Contrabassoon [Contrafagott, Contrafag.]

4 Horns [Hörner] (D♭, D, E♭, E, F, G)
3 Trumpets [Trompeten, Tromp.] (C, D, E♭, E, F, B♭)
3 Trombones [Posaunen, Pos.]
Tuba [Basstuba]

Timpani [Pauken]
Bass Drum [grosse Trommel, gr. Trommel] ⎤
Cymbals [Becken]
Triangle [Triangel]
Tambourine [Tamburin]
Glockenspiel   *three*
Large Cog Rattle [grosse Ratsche, gr. Ratsche] *players*
Large Tenor Drum [grosse Rührtrommel]
Snare Drum [kleine Militärtrommel, kl. Trommel]
Sleighbells [Schellen]
Castanets [Castagnetten] ⎦

Celesta
2 Harps [Harfen]

Stage Band, Act III

Violins I, II[3]	Oboe	Trumpet (C, B♭)
Violas	C Clarinet	Snare Drum
Cellos	2 B♭ Clarinets	[kleine Trommel]
Basses	2 Bassoons	Harmonium
2 Flutes	2 Horns (E♭, E, F)	Piano [Klavier]

---

[1]In those passages where the specified string contingent impairs the audibility of the words spoken on the stage, it is left to the conductor's judgment to reduce the number of playing stands.

[2]Where C clarinet is specified, it is absolutely forbidden to perform the part on A or B♭ clarinet.

---

[3]Strings offstage: either five very good soloists with sonorous instruments, or substantially reinforced (but not two of each).

Der Rosenkavalier

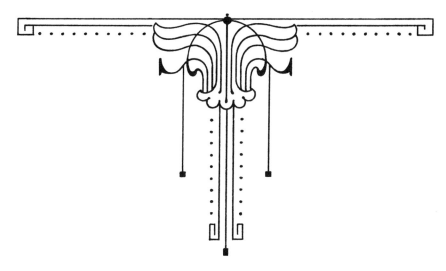

RICHARD STRAUSS

Verlag und Eigentum für alle Länder von

ADOLPH FÜRSTNER
BERLIN-PARIS

Tous droits d'exécution, de représentation, de reproduction, de traduction et d'arrangements réservés pour tous pays.
y compris la Suède, la Norwège et le Danemark.
Copyright including right of performance 1910 by Adolph Fürstner.

Imp. C.G. Röder, Paris.

[Original shorter title page.]

First Act

(Das Schlafzimmer der Feldmarschallin. Links im Alkoven das große zeltförmige Himmelbett. Neben dem Bett ein dreiteiliger chinesischer Wandschirm, hinter dem Kleider liegen. Ferner ein kleines Tischchen und ein paar Sitzmöbel. Auf einem kleinen Sopha links liegt ein Degen in der Scheide. Rechts große Flügeltüren in das Vorzimmer. In der Mitte kaum sichtbar kleine Türe in die Wand eingelassen. Sonst keine Türen. Zwischen dem Alkoven und der kleinen Türe steht ein Frisiertisch und ein paar Armsessel an der Wand. Die Vorhänge des Bettes sind zurückgeschlagen. — Durch das halbgeöffnete Fenster strömt die helle Morgensonne herein. Man hört im Garten die Vöglein singen.)

(Octavian kniet auf einem Schemel vor dem Bett und hält die Feldmarschallin, die im Bett liegt, halb umschlungen. Man sieht ihr Gesicht

Octavian. (schwärmerisch) Wie du warst! Wie du bist! das weiß niemand, das ahnt

nicht, sondern nur ihre sehr schöne Hand und den Arm, von dem das Spitzenhemd abfällt.)

schiebt dieses nach vorne, rückt das Sopha hinzu,

verneigt sich dann tief gegen das Bett, die kleinen Arme über die Brust gekreuzt. Dann tanzt er zierlich nach rückwärts, immer das Gesicht dem Bette

zugewandt. An der Tür verneigt er sich nochmals und verschwindet.)

(Die **Marschallin** tritt zwischen den Bettvorhängen hervor. Sie hat einen leichten, mit Pelz verbrämten Mantel umgeschlagen.)

Octavian (kommt zwischen der Mauer und dem Wandschirm heraus.)

Er Katzenkopf Er un - vorsichtiger! Läßt man in einer Da - me Schlafzimmer seinen Degen herum liegen?

Erbricht mir ja die Tür ein, der Herr Vet - ter. Mach Er, daß Er hin-aus komm'. Schlief' Er frech durch die La-

kaien durch. Er ist ein blitz-ge-scheidter Lump! Und komm' Er wieder, Schatz. A-ber in Manns-kleidern und durch die

108

Marschallin.
Ver - zei- hen Sie,   man hat sich be-tra-gen, wie es be-foh- len.   Ich hatte diesen Morgen die Mi - grä - ne.

(setzt sich auf das Sopha, nachdem sie dem Baron den Platz auf dem Armstuhl angeboten hat)

Baron.
wenn Eu-er Gna-den Livree —

109 accelerando   tempo primo

muta in III. gr. Fl.

Marschallin.
(aufstehend, ihm ceremoniös aufs neue seinen Platz anbietend)
Ich bin auch jetzt —— noch nicht ganz wohl.   Der Herr Vetter wird darum vielleicht

Baron.
(für sich)
Ein hübsches Ding! Ein gu - - tes, saub-res Kinderl!

(Baron setzt sich zögernd und bemüht sich der hübschen Zofe nicht völlig den Rücken zu kehren.)

(Baron versucht sich zu setzen, äußerst *occupiert* von der Anwesenheit der hübschen Kammerzofe)

accelerando   espr. tempo primo

(geteilt)

(geteilt)

46

47

51

57

(Der **Baron** hat seinen Stuhl hinter den breiten Rücken des Haushofmeisters geschoben, ergreift zärtlich die Hand der vermeintlichen Zofe.)

70

als ein Strei - ferl nas - se Luft?

Je nach - dem, all's je nach - dem. Das Frau-en-zim-mer

hat gar vieler-lei Ar-ten, wie es will ge-nom-men sein. Da ist die de-mü-ti-ge Magd.Und da:

(In diesem Augenblick tritt eine alte **Kammerfrau** durch die gleiche Türe ein. Der **Baron** zieht sich enttäuscht zurück. **Zwei Lakaien** kommen von rechts herein, bringen einen Wandschirm aus dem Alkoven. Die **Marschallin** tritt hinter den Wandschirm, die alte Kammerfrau mit ihr. Der Frisiertisch wird vorgeschoben in die Mitte.)

(**Lakaien** öffnen die Flügeltüren rechts. Es treten ein: der **Notar**, der **Küchenchef**, hinter diesen ein **Küchenjunge**, der das Menübuch trägt. Dann die **Marchand de Modes**, ein **Gelehrter** mit einem Folianten und der **Tierhändler** mit winzig kleinen Hunden und einem Aeffchen. **Valzacchi** und **Annina** hinter diesen rasch gleitend, nehmen den vordersten Platz links ein. Die adelige **Mutter** mit ihren **3 Töchtern**, alle in Trauer, stellen sich in den rechten Flügel. Der **Haushofmeister** führt den **Tenor** und den **Flötisten** nach vorne. **Baron** rückwärts winkt einen Lakaien zu sich, gibt ihm den Auftrag, zeigt: „Hier durch die Hintertür.")

221

Die 3 Waisen.
Der Va - ter ist jung auf dem Fel - de der Eh - re ge - fal - len, ihm dieses
Der Va - ter ist jung auf dem Fel - de der Eh - re ge - fal - len, ihm dieses

Tierhändler.
schaffen, auch Vö-gel hab'ich da aus A-fri-ka.

rosa, schwarz und silber, tritt auf, überbringt ein Billet. Haushofmeister mit Silbertablett ist schnell zur Hand, präsentiert es der Marschallin. Friseur hält

inne, sie lesen zu lassen. Gehilfe reicht ihm ein neues Eisen, **Friseur** schwenkt es: es ist zu heiß. Gehilfe reicht ihm nach fragendem Blick auf die Marschallin, die nickt, das Billet, das er lächelnd verwendet, um das **Eisen** zu kühlen.)

(Der Friseur übergibt dem Gehilfen das Eisen und applaudiert dem Sänger. Dann fährt er im Arrangement des Lockenbaues fort.)

Ahi! che re - si - ste puoco a - strál di fuóco Cor di gé - - lo di fuó - co a - strál!

(Ein Bedienter hat indessen bei der kleinen Tür den Kammerdiener des Barons, den Almosenier und den Jäger eingelassen. Es sind drei bedenkliche Gestalten. Der **Kammerdiener** ist ein junger großer Lümmel, der dumm und frech aussieht. Er trägt unterm Arm ein Futteral aus rotem Saffian. Der **Almosenier** ist ein verwilderter Dorfkooperator, ein drei Schuh hoher, aber stark und verwegen aussehender Gnom. Der **Leibjäger** mag, bevor er in die schlecht sitzende Livree gesteckt wurde, Mist geführt haben. Der Almosenier und der Kammerdiener scheinen sich um den Vortritt zu streiten und steigen einander auf die Füße. Sie steuern längs der linken Seite auf ihren Herrn zu. in dessen Nähe sie Halt machen.)

114

142

144

152

*) Ich stelle es dem Ermessen des Dirigenten frei, die 4 Lakaien, wenn dieselben nicht durch tüchtige Solisten zu besetzen sind, zu verdoppeln, sogar zu verdreifachen, wobei es sich vielleicht empfiehlt, dem ersten Tenor ein oder zwei Altstimmen beizugeben.

* I leave it to the conductor's judgment to double the four footmen if these roles cannot be filled by able soloists, or even to assign three singers to each part, in which case it is perhaps advisable that the first tenor be reinforced by one or two alto voices.

Second Act

(Saal bei Herrn von Faninal. Mitteltür nach dem Vorsaal.
Türen links und rechts. Rechts auch ein großes Fenster. Zu beiden Seiten der Mitteltür Stühle an der Wand. In den abgerundeten Ecken jederseits eine kleine unsichtbare Tür.
Faninal, Sophie, Marianne Leitmetzerin, die Duenna, der Haushofmeister, Lakaien.)

167

170

(Herein tritt Octavian, ganz in Weiß und Silber, mit bloßem Kopf, die silberne Rose in der Hand. Hinter ihm seine Dienerschaft in seinen Farben: Weiß mit Blaßgrün. Die Lakaien, die Haiducken, mit krummen, ungarischen Säbeln an der Seite, die Lauffer in weißem, sämischem Leder mit grünen Straußenfedern. Dicht hinter Octavian ein Neger, der Octavians Hut und ein anderer Lakai, der das Saffianfutteral für die silberne Rose in beiden Händen fröhlich tragen. Dahinter die Faninalsche Livree. Octavian, die Rose in der Rechten, geht mit adeligem Anstand auf Sophie zu, aber sein Knabengesicht ist von einer Schüchternheit gespannt und gerötet. Sophie ist vor Aufregung über seine Erscheinung und die Ceremonie leichenblaß. Sie stehen einander gegenüber und machen sich wechselweise durch ihre Verlegenheit und Schönheit noch verwirrter.)

186

189

194

196

(Indessen hat sich die **Livree Octavians** links rückwärts rangiert. Die **Faninal**'schen Bedienten mit dem Haushofmeister rechts. Der **Lakai Octavians**
übergibt das Futteral an **Marianne**. **Sophie** schüttelt ihre Versunkenheit ab und reicht die Rose der **Marianne**, die sie in's Futteral schließt.
Der **Lakai** mit dem Hut tritt von rückwärts an **Octavian** heran und reicht ihm den Hut. Die **Livree Octavians** tritt ab, während gleichzeitig die
Faninal'schen Bedienten drei Stühle in die Mitte tragen, zwei für **Octavian** und **Sophie**, einen rück- und seitwärts für die **Duenna**. Zugleich trägt
der **Faninal**'sche Haushofmeister das Futteral mit der Rose durch die Türe rechts ab. Sofort treten auch die **Faninal**'schen Bedienten durch die
Mitteltüre ab. **Sophie** und **Octavian** stehen einander gegenüber, einigermaßen zur gemeinen Welt zurückgekehrt, aber befangen.)

208

(Der Haushofmeister tritt verbindlich auf die Lerchenau'schen Leute zu und führt sie ab. Deßgleichen tritt die Faninal-sche Livree ab, bis auf zwei, welche Wein und Süßigkeiten servieren.)

217

229

231

233

(Quer durch den Vorsaal flüchten einige von den Mägden des Hauses, denen die Lerchenau'schen Bedienten auf den Fersen sind. Der Leiblakai und der mit dem Pflaster auf der Nase jagen einem hübschen, jungen Mädchen nach und bringen sie fast an der Schwelle zum Salon bedenklich in die Enge.)

Ziemlich schnell. *Allegro assai.* ♩. = 100.

(Der Faninal'sche Haushofmeister kommt verstört hereingelaufen.)

Octavian.

gestrigen Tage nie ge - seh'n.

Ziemlich schnell. *Allegro assai.* ♩. = 100.

Die

Ler - che - nau - schen sind voller Branntwein gesoffen und gehn aufs Ge - sin - de los, zwanzig-mal är-ger als

236

242

244

Lautlos schleichen sie langsam auf den Zehen näher.)

127

immer noch bewegter

ancora più animato

253

263

er seinen Degen blitzschnell um sich kreisen läßt.
Der Almosenier, Valzacchi und Annina eilen auf den Baron zu, den sie stützen und auf einen der Stühle in der Mitte niederlassen.)

284

(Die **Duenna** stürzt fort und kommt nach kurzer Zeit atemlos zurück, beladen mit Leinwand; hinter ihr zwei Mägde mit Schwamm und Wasserbecken. Sie umgeben den Baron mit eifriger Hilfeleistung.)

(**Sophie** ist, wie sie ihres Vaters ansichtig wird, nach rechts vorn hinüber gelaufen, steht neben **Octavian**, der nun seinen Degen einsteckt.)

Faninal. Mein Herr und Hei - land! Daß Ihm in mein' Pa - lais das hat pas - sie - - ren müs - sen! Ge - laufen um den

Bier? Ein Hip-po-kras mit Ingwer? So ei-nen Herrn, so ei-nen Herrn zu - rich - ten mise-

rabel! So ei-nen Herrn_ in meinem Stadt - pa - lais! Sie heirat' ihn_ um de - sto früher! Bin Mann'sge-

317

322

nicht ohne mit einer drohenden Gebärde hinter des **Barons** Rücken angezeigt zu haben, daß sie sich bald für seinen Geiz rächen werde.)

329

Third Act

333

334

Ein Extrazimmer in einem Gasthaus. Im Hintergrunde links ein Alkoven, darin ein Bett. Der Alkoven durch einen Vorhang verschließbar, der sich auf- und zuziehen läßt. Mitte links ein Kamin mit Feuer darin. Darüber ein Spiegel. Vorn links Tür ins Nebenzimmer. Gegenüber dem Kamin steht ein für zwei Personen gedeckter Tisch, auf diesem ein großer, vielarmiger Leuchter. In der Mitte rückwärts Tür auf den Korridor. Daneben rechts ein Buffet. Rechts rückwärts ein blindes Fenster, vorn rechts ein Fenster auf die Gasse. Armleuchter mit Kerzen auf dem Buffet, auf dem Kamin, sowie an den Wänden. Es brennt nur je eine Kerze in den Leuchtern auf dem Kamin. Das Zimmer halbdunkel.

Annina steht da, als Dame in Trauer gekleidet. **Valzacchi** richtet ihr den Schleier, zupft da und dort das Kleid zurecht, tritt zurück, mustert sie, zieht einen Crayon aus der Tasche, untermalt ihr die Augen.

342

vorsichtig geöffnet, ein Kopf erscheint, verschwindet wieder,—

dann kommt eine nicht ganz unbedenklich aussehende, aber ehrbar gekleidete Alte hereingeschlüpft, öffnet lautlos die Tür und läßt respektvoll Octavian eintreten, in Frauenkleidern, mit einem Häubchen, wie es die Bürgermädchen tragen.)

Octavian, hinter ihm die Alte, gehen auf die beiden andern zu, werden sogleich von Valzacchi bemerkt, der in seiner Arbeit innehält

eilig links ab, gefolgt von der Alten, (Valzacchi nimmt die Verdächtigen nach vorn, indem er mit jeder Geberde die Notwendigkeit höchster Vorsicht andeutet.
die als seine Begleiterin fungiert.) 39 Annina geht zum Spiegel (alles mit Vorsicht, je-

Die Verdächtigen folgen ihm auf den Zehen nach der Mitte. Er bedeutet ihrer einem, ihm zu folgen: lautlos, ganz lautlos. Führt ihn an die Wand rechts, öffnet lautlosei-
des Geräusch vermeidend) arrangiert sich noch, zieht dann einen Zettel hervor, woraus sie ihre Rolle zu lernen scheint.)

ne Falltür unfern des gedeckten Tisches, läßt den Mann hinabsteigen, schließt wieder die Falltür. Dann winkt er zwei zu sich, schleicht ihnen voraus bis an die Ein-

gangstür, steckt den Kopf heraus, vergewißert sich, daß niemand zusieht, winkt die zwei zu sich, läßt sie dort hinaus, dann schließt er die Tür, führt die beiden letzten

leise an die Türe zum Nebenzimmer voran, schiebt sie hinaus. Winkt **Annina** zu sich, geht mit ihr (Er kommt wieder herein,
leise links ab, die Tür lautlos hinter sich schließend.)

klatscht in die Hände.) (Der eine Versteckte hebt sich mit halbem Leib aus dem Boden hervor.
Zugleich erscheinen ober dem Bett und an andern Stellen Köpfe.)

50 Lebhaft. *(Vivo.)*

50 Lebhaft. *(Vivo.)*
(Dann zieht er ein Feuerzeug hervor und beginnt eifrig die Kerzen auf dem Tisch anzuzünden.) (Ein Kellner und ein

(Dämpfer weg.)

(Dämpfer weg.)

51 Walzer (lebhaft.) *(con anima)* **52**

hinter der Bühne, aber sehr laut und deutlich

51 Walzer (lebhaft.) *(con anima)* **52**

Orchester.

Kellnerjunge kommen gelaufen mit zwei Stöcken zum Kerzen anzünden. Entzünden die Lichter auf dem Kamin, auf dem Buffet, dann die zahlreichen Wandarme.

Walzer (lebhaft.) *(con anima)*

) Die Streicher auf der Bühne entweder 5 sehr gute Solisten mit klangvollen Instrumenten, oder in reichlicher Verdoppelung (nur nicht je zwei).

* The strings offstage: either five very good soloists with sonorous instruments, or substantially reinforced (but not two of each).

Sie haben die **Tür** hinter sich offen gelassen, man hört aus dem Vorsaal (im Hintergrunde) Tanzmusik spielen.)

353

(Valzacchi eilt zur Mitteltür, öffnet dienstbeflissen auch den zweiten Flügel, 56 (Baron Ochs erscheint, den Arm in der Schlinge, Octavian an der Linken füh-
springt unter Verneigung zur Seite.)

354

57

57

(Baron bemerkt den Kellner und Kellnerjungen, die noch mehr Kerzen anzünden wollen, winkt ihnen, sie sollten es sein lassen. In ihrem Eifer bemerken sie es nicht.)

rend, hinter ihm der Leiblakai. **Baron** mustert den Raum. **Octavian** sieht herum, läuft an den Spiegel, richtet sein Haar.)

(Baron ungeduldig, reißt den Kellnerjungen vom Stuhl, auf den er gestiegen

357

358

hilft, die Rech-nung runterdrucken,   dann ___ fallt was ab für Ihn.   Kost' sicher

Wand brennenden.)

364

hier ein Martergeld. (Valzacchi unter Verneigung ab.) (Octavian ist nun fertig. Baron führt ihn zu Tisch, sie setzen sich. Der Lakai am

Buffet sieht mit unverschämter Neugierde der Entwicklung des tête à tête entgegen, stellt Karaffen mit Wein vom Buffet auf den Eßtisch.)

(**Baron** schenkt ein.)

373

374

376

386

und er nähert sich ihr zärtlich, da meint er wieder das Gesicht Octavians ganz nahe dem seinigen zu erkennen und er fährt abermals zurück. Mariandl

rührt sich kaum. Abermals verscheucht der Baron sich den Schreck, zwingt Munterkeit in sein Gesicht zurück, da fällt sein Auge abermals auf einen fremden Kopf, welcher aus der Wand hervorstarrt. Nun ist er maßlos geängstigt, er schreit dumpf auf, ergreift die Tischglocke und schwingt sie wie rasend)

395

409

411

415

422

427

431

433

434

gleichfalls hinzu. Sie nehmen ihn auf und tragen ihn ins Nebenzimmer. Mehrere Kellner, den Weg weisend, die Tür öffnend, voran.)

438

(Mit dieser Veränderung gewinnt er seine Haltung so ziemlich wieder, begnügt sich aber, **Annina** und den Kindern,

(III. Hoboe muta in Engl. Horn.)

deren Gegenwart ihm trotz allem nicht geheuer ist, den Rücken zu [kehren.)

(Hinter Herrn von **Fani-**

nal und seiner Begleitung hat sich die Türe links geschlossen.)

(Wirt und Kellner kom-

men bald darauf leise wieder heraus, holen Medikamente, Karaffen mit Wasser und anderes, das in die Tür getragen und von Sophie in der Türspal-

446

für Stück die Kleider der Mariandl.
Der Kommissar macht ein Bündel draus.)

(Baron immer aufgeregt, ringt, seine beiden Wächter loszuwerden.)

458

461

Versteht Er nicht, wenn eine Sach ein End hat?

Die ganze Brautschaft und Affär und al-les sonst, was drum und dran hängt, ist mit die - ser Stund' vor - bei.

467

472

474

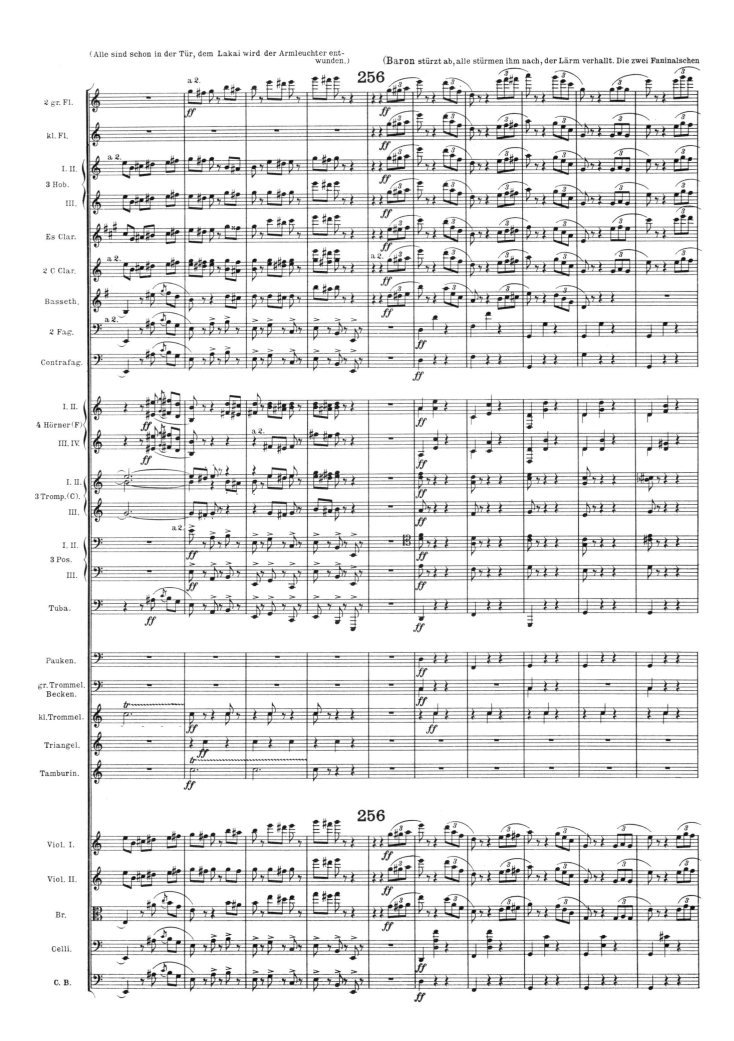

483

(Octavian ist dicht an Sophie herangetreten. Einen Augenblick später liegt sie in seinen Armen.)

(In diesem Augenblick öffnen die Faninalschen Lakaien die Tür und treten herein, jeder mit einem Leuchter. Durch die Tür kommt **Faninal, die Marschallin** an der Hand führend. Die beiden Jungen stehen einen Augenblick verwirrt, dann machen sie ein tiefes Compliment, das **Faninal** und die **Marschallin** erwidern.)

Ja, ja.

(tupft Sophie väterlich gutmütig auf die Wange)

(**Faninal** reicht der **Marschallin** die Hand, führt sie zur Mitteltür, die zugleich durch die Livree der Marschallin, darunter der

Sind halt a-so, die jungen Leut!

302

kleine Neger, geöffnet wurde. Draußen hell, herinnen halbdunhel, da die beiden Diener mit den Leuchtern der Marschallin voraustreten.)

512